AF509294

LA POLOGNE

ET

SA VIE RELIGIEUSE

SOUS L'INFLUENCE DES ÉVÉNEMENTS ACTUELS.

Les différents ouvrages qui, dans ces derniers temps, se sont occupés de l'état de l'Église catholique sous la domination russe, ont eu surtout en vue de faire ressortir les efforts de ce gouvernement pour étouffer, sous les persécutions, les sentiments catholiques de la nation polonaise et abaisser son niveau moral et intellectuel. Mais ce que personne n'a pu dire, et ce qui probablement restera toujours ignoré du monde, ce sont les travaux et les sacrifices, le dévouement silencieux de quelques chrétiens ardents, qui, souvent isolés, livrés à eux-mêmes, avaient à lutter contre les violences et la ruse de leurs oppresseurs, et trop de fois, hélas! contre l'indifférence de leurs frères. Dieu seul a compté les larmes et les souffrances de ces ouvriers inconnus, dont beaucoup peut-être ont déjà succombé à

la fatigue ou expié dans les cachots leur inébranlable fidé-
lité. Il a pesé leurs douleurs dans la balance de son éternelle justice, et au jour donné pas une n'a été perdue pour
leur patrie bien-aimée. Comme les arbres que la hache a
respectés dans une forêt abattue, la Providence a permis
que quelques hommes restassent debout sur la terre polonaise dévastée par un ennemi implacable, et le vent divin
en passant sur leurs cimes répandit au loin les semences
de vie.

I.

N'est-il pas remarquable qu'un peuple aussi cruellement
opprimé depuis près d'un siècle par un gouvernement étranger, ennemi de sa foi et de sa nationalité, ait conservé assez
d'énergie pour donner au monde civilisé le spectacle d'un
mouvement enthousiaste mais toujours plein de modération?
Ne semble-t-il pas que Dieu lui-même ait montré à la Pologne la voie d'une nouvelle révolution purement chrétienne.
n'ayant jamais recours à la force, mais ne ployant pas devant
elle et se basant uniquement sur la justice et le droit? Après
le premier massacre de février, le peuple eut comme l'intui-
tion de la force irrésistible du sacrifice. Les ouvriers de
Varsovie, voyant que le gouvernement ne voulait pas donner satisfaction aux désirs les plus légitimes du pays. ne
menacèrent pas, ne se révoltèrent pas; ils se contentèrent de
dire que probablement il n'y avait pas encore assez de victimes : « Sans épargner sa personne, écrivaient-ils dans leur
« admirable adresse, il faut aller à la tuerie et montrer au
« monde ce que nous voulons; c'est pourquoi nous avons été
« avec les processions et nous avons chanté pour la constitu-
« tion, et nous le ferons de nouveau tant qu'il le faudra; et
« s'il y a des victimes. on verra que Dieu le voulait. Nous

« sommes prêts, s'il en faut davantage, à tirer au sort qui
« doit aller au sacrifice, même à tendre la gorge au couteau
« ou à mourir sous le knout... » Le 8 avril les mêmes ouvriers
disaient : « Il faut élever une montagne de nos cadavres de
laquelle on portera plainte à Dieu. » Ce qui ressort de tous
les écrits de cette époque, c'est cette persistance à constater
son droit par l'acceptation du sacrifice, c'est aussi le pardon
complet pour l'oppresseur. On ne désire pas sa mort ni sa
souffrance ; on semble avoir oublié tous ses torts. Bien plus,
pas une voix ne s'élève pour réclamer ce qui est au fond de
tout cœur polonais : l'indépendance de la nation. Tout le
monde se borne à demander la constitution, c'est-à-dire,
dans les idées du peuple polonais, une loi immuable, supé-
rieure à la volonté d'un homme, et à laquelle tous doivent le
respect. Se doutaient-ils, ces ouvriers, qu'en demandant la
constitution ils étaient d'accord avec le droit public de l'Europe, et qu'en limitant ainsi leurs réclamations, ils enlevaient
à leurs ennemis tout prétexte de les traiter de révolutionnaires ?

Bien décidé à ne pas combattre, rendant même les armes
qui lui restaient encore, ou que l'ennemi lui abandonnait per-
fidement, le peuple polonais faisait des processions et chantait des hymnes quand il voulait obtenir un changement politique. Ce phénomène qui paraîtrait surprenant chez toute
autre nation, n'a rien chez nous que de naturel. Il est, d'une
part, le résultat d'une foi native, d'une confiance inébranlable
dans l'intervention constante de la Providence ; d'une autre,
il est la preuve que la religion, malgré un siècle d'oppression
et d'abaissement pour l'Église polonaise, n'a pas cessé de
s'infiltrer, pour ainsi dire, dans les veines de la nation, et que
plus que partout ailleurs elle est la véritable base de notre
société. C'est d'après les usages de notre Église que nous
avons réglé nos mœurs et nos coutumes ; c'est pendant les
grands jours de Noël, de Pâques, de la Pentecôte, que nous
célébrons nos fêtes de famille, nos fêtes nationales. Ces jours-
là les fidèles se rendent à l'église pour y prier ensemble, et
pas un Polonais, pendant ces fêtes, n'est absent du foyer de
la famille ; les temples se parent alors de leurs plus somp-

tueux ornements, et chaque maison polonaise, riche ou pau-
vre, ouverte à tout le monde, étale avec une naïve ostentation
tout ce qu'elle a de précieux. Aussi bien que dans la vie pri-
vée, on retrouve dans la vie publique de la nation le sentiment
religieux toujours présent, toujours vivace. Les premiers sé-
nateurs du royaume étaient les évêques; quand le roi venait
à mourir, c'était le premier dignitaire de l'Église qui gouver-
nait l'État jusqu'à l'élection du nouveau souverain; et cette
vieille tradition nationale se révèle aujourd'hui encore dans
ce respect universel dont était entouré le dernier archevêque
de Varsovie : les membres même des autres confessions ré-
véraient en lui l'ancien *Interrex*, c'est-à-dire, en l'absence
d'un roi légitime, la première autorité de la Pologne. Depuis
longtemps on a dit que chaque cloître était, en Pologne, une
forteresse nationale : l'empereur Nicolas l'avait bien compris
quand il fit fermer dans les provinces lithuaniennes plus de
trois cents couvents. Chaque prière à la Reine de Pologne est
un hymne patriotique; chaque tableau miraculeux rappelle
quelques glorieux souvenirs de notre histoire, et le seul bou-
levard de la patrie devant lequel l'ennemi lui-même s'est
toujours respectueusement arrêté, est le sanctuaire de
Czenstochowa. Et comme nos guerriers des anciens temps
marchaient au combat en chantant une hymne à la Mère de
Dieu, c'est en répétant des cantiques que le peuple polonais
se présente aujourd'hui devant l'ennemi pour soutenir la lutte
morale qu'il a entreprise.

Le 7 et le 8 avril, le peuple voyant que la seule institution qui
prît réellement ses intérêts à cœur, la Société Agricole, était
dissoute, voulut témoigner ses regrets au président de cette
société et porter ses plaintes au chef du gouvernement. Il
n'ignorait pas à quel danger il s'exposait. Aussi, avant la ma-
nifestation, la plupart allèrent se confesser et communier ensemble; puis, quand l'heure fut venue, ils moururent en vrais
martyrs. Et lorsque, après le massacre, ceux qui avaient sur-
vécu rencontraient des soldats accablés de fatigue et mourants
de faim, au lieu de se venger sur eux, comme cela serait ar-
rivé dans tout autre pays soumis à l'étranger, ils les relevaient
et leur apportaient du pain et de l'eau, faisant ainsi une

sublime application de ce précepte si difficile de notre divin
Maître : *Aimez vos ennemis.*

Cette journée fatale du 8 avril a inauguré pour la nation
une situation nouvelle. Toute action publique lui était dès
lors refusée, toute réunion dans les maisons ou dans les rues
lui était également interdite ; il ne restait qu'un seul endroit
où les Polonais pussent se réunir comme citoyens et comme
catholiques : l'église. Aussi la vie nationale se concentra dans
les temples, et le peuple entier vint exprimer devant l'image
du Sauveur ses douleurs et ses espérances. On a formulé,
nous le savons, à ce sujet, bien des accusations : les églises,
disait-on, servaient de théâtre aux passions politiques ; les
Polonais ne voyaient dans la prière et dans la religion que des
armes contre les Russes. Nous ne chercherons pas à nier qu'il
y ait dans ces reproches quelque chose de fondé, et que cer-
taines hymnes n'auraient pas dû être chantées dans les églises. L'autorité ecclésiastique s'empressa de défendre les
chants contraires aux sentiments religieux, laissant une liberté complète pour les autres et particulièrement pour
l'hymne : Dieu qui protégez la Pologne (*Boze cos Polske*), en
usage dans les temples depuis le règne d'Alexandre Ier. Mais,
sans vouloir prendre la défense des hymnes prohibées, nous
croyons qu'elles présentent beaucoup moins de dangers pour
l'Église que quelques personnes ne voudraient le prouver :
« Laissez-les chanter, disait un religieux de Varsovie très-
élevé dans la voie spirituelle, pourvu que leurs chants s'a-
dressent à Dieu ! » Ce prêtre connaissait le fond du cœur
polonais. Le sentiment national a toujours dominé et domine
encore dans une âme polonaise, et le moyen le plus sûr de la
convertir, c'est de s'adresser à son patriotisme. Quand il aura
été bien démontré à un Polonais qu'avec ses propres forces il
ne fera rien pour sa patrie, qu'il ne pourra pas même vaincre
les obstacles qui lui viennent de lui-même ou de ses ennemis,
il cherchera un secours plus efficace là où les hommes ne se
sont jamais adressés en vain. Ceci est vrai pour les individus,
c'est encore vrai pour la nation. Il semblerait que Dieu, en
permettant que nous soyons privés de toute vie publique, ait
voulu que nous ne puissions affirmer notre nationalité qu'au

pied de ses autels. Aussi combien sont entrés dans l'église la rage dans l'âme et pensaient plus aux Russes qu'à Dieu en entonnant l'hymne patriotique, qui ont senti l'émotion s'emparer de leurs cœurs, et, au souvenir des malheurs de la patrie, ont pleuré et se sont mis à genoux ! Ils parcoururent en esprit la route du passé ; ils se rappelèrent tous ces efforts sans cesse renouvelés et toujours stériles ; de leur poitrine s'échappa une prière ardente à la Mère des affligés. Ils étaient convertis et, voyant les prêtres pleurer comme eux, ils se rapprochaient timidement du tribunal de la pénitence et se réconciliaient avec Dieu. N'est-ce pas l'histoire éternelle des passions humaines ? Moteurs puissants mais aveugles, elles servent indistinctement au bien et au mal ; heureuses, quand elles s'approchent de l'Église : le souffle divin les purifie.

Un mauvais usage, presque passé à l'état de règle, existait naguère en Pologne, de ne communier qu'une fois par année et tout au plus trois fois. Il n'en est plus de même aujourd'hui. De temps en temps des bruits sinistres se répandaient : on parlait d'arrestations, de massacres imminents. Chacun sentait qu'il était de son devoir d'aller où le danger menaçait ; mais il voulait être préparé à la mort. Aussi, quand venait un de ces jours d'angoisse publique, la foule se pressait dès le matin autour des confessionnaux, et les prêtres ne suffisaient pas pour donner la sainte communion à tant de fidèles. Ces jours, les prêtres entraient à cinq heures du matin dans le confessionnal, pour n'en sortir qu'à deux heures. Il y a eu telles fêtes où on a compté jusqu'à quinze, vingt et trente mille communiants dans les églises de Varsovie. A partir de la fête de Saint-Stanislas (8 mai), les pèlerins de toutes les provinces polonaises affluèrent à Czenstochowa ; Varsovie seule, sur une population de cent cinquante mille chrétiens, en fournit quatorze mille. En même temps l'usage se répandait de plus en plus dans la capitale de s'approcher des sacrements toutes les deux ou trois semaines. N'est-ce pas dans ce dernier fait qu'il faut chercher le mot de cette situation exceptionnelle, la source de cet enthousiasme toujours ardent et toujours contenu, de cette force qui brave le danger et accepte l'insulte, de cette modération qui a déjoué tous les

provocateurs et de ce bon sens qui a toujours su distinguer
la bonne voie ? Comment expliquer autrement ce miracle pal-
pable d'une population aiguillonnée pendant plus de huit
mois par les mesures les plus irritantes, et qui n'a pas répondu
par une explosion de colère et de vengeance.

Ce n'est pas tout encore. Ce redoublement de ferveur a eu
d'autres résultats également sensibles et consolants. La classe
laborieuse à Varsovie et dans d'autres villes, malgré ses instincts pieux et honnêtes, avait contracté de fâcheuses habitu-
des d'intempérance. Depuis le mois d'avril le changement est
complet et pendant des journées de fêtes où toute la population circulait et se promenait dans les rues, on ne voyait pas
un homme ivre. Chaque ouvrier n'avait qu'une pensée : la patrie. Il savait que de Dieu seul pouvait venir le secours, et s'il
faisait quelques épargnes, il les portait à l'église. Chaque jour,
en effet, de nouveaux *ex-voto* étaient placés devant les autels,
et de nouveaux services étaient commandés, le plus souvent,
par des ouvriers. A Czenstochowa, par exemple, les églises
sont littéralement remplies d'offrandes adressées de toutes
les parties de la Pologne. En même temps, les classes les plus
aisées organisaient des comités pour venir en aide aux églises
les plus pauvres des provinces. L'année passée, on forma le pro-
jet de bâtir deux nouvelles églises : une pour les religieuses
Mariavites à Czenstochowa, l'autre à Varsovie en l'honneur
du dogme de l'*Immaculée Conception*. On aurait pu craindre
que les événements politiques qui paralysaient le mouvement
industriel et commercial n'arrêtassent ou ne ralentissent
d'aussi importantes constructions. Tout au contraire, ces deux
églises seront bientôt livrées au culte. En élevant un temple
consacré à Notre-Dame, on a pensé peut-être qu'il s'agissait
de bâtir dans la capitale de la Pologne un palais pour notre
Reine, et on n'a eu qu'un regret, c'est qu'il ne fût pas plus
grandiose et plus splendide.

Quand l'âme humaine est pénétrée d'une grande pensée, tout
ce qui est noble et généreux l'attire irrésistiblement; aucun
obstacle ne l'arrête, aucune fatigue ne l'effraye, et ses forces
pour le bien semblent être décuplées. Après les massacres d'a-
vril, il fallut penser tout à la fois aux blessés dans les hôpi-

taux, aux veuves et aux orphelins de ceux qui étaient tombés, aux familles des prisonniers, et enfin à toute cette population ouvrière sans travail et sans pain. Mais la charité, stimulée par le sentiment patriotique, suffit à tout. Les femmes appartenant aux classes plus fortunées se partagèrent entre elles les rues de Varsovie et allèrent de maison en maison, d'étage en étage, portant, à toutes les misères, les secours et les consolations. Jamais l'œuvre de Saint-Vincent de Paul n'avait reçu une plus complète application. Plus tard, quand les premiers besoins furent apaisés, les hommes prirent sur eux le service de la charité. Les propriétaires du royaume s'engagèrent à envoyer des secours plus considérables en argent ou en grains. Un comité fut chargé de vendre ces grains et d'employer toutes ces ressources à l'achat de légumes secs qui étaient accumulés dans les magasins de Saint-Casimir. Cent cinquante personnes furent chargées de visiter régulièrement les familles pauvres, de vérifier la position de chacune, de les guider de leurs conseils et d'assurer pour la semaine suivante les secours nécessaires. Tous les jours, depuis ce moment, 2,400 portions furent distribuées, chaque portion pouvant largement suffire à la nourriture de deux personnes. Faut-il ajouter que ces secours étaient accompagnés de médailles, de livres de prières et d'ouvrages populaires qu'on imprimait sans cesse? En présence d'un résultat si considérable, qui songerait à en rechercher les causes? Et quand il serait vrai qu'à la pitié se soit uni le désir de maintenir la bonne harmonie entre les riches et les pauvres, où serait le mal? N'est-ce pas l'esprit de toutes les associations charitables que les derniers temps ont produites et que l'Église protége ? Et un des plus nobles buts qu'elles se proposent, n'est-il pas d'étouffer les sentiments de haine que les crises sociales ont fait naître dans l'âme des malheureux? Mieux partagée en cela que les nations occidentales, la Pologne, au moins dans les villes, n'avait pas à combattre la haine ; elle n'avait qu'à cimenter l'union.

Qu'il nous soit permis de citer encore un exemple pour prouver quels sacrifices ingénieux peut inspirer en Pologne le sentiment patriotique. A Varsovie et dans les villes, tout le monde, sans exception, chantait : « *Dieu qui protégez la Polo-*

gne; » mais dans la plupart des villages, les paysans, trompés par des agents secrets, sortaient de l'église quand ce chant commençait. C'était aux femmes qu'il était réservé de vaincre cette résistance. Les hommes mûrs ne voulant pas céder, elles se sont adressé aux enfants. Sur plusieurs points elles ont fondé des écoles dont elles sont elles-mêmes les institutrices. Tout en donnant des leçons, elles n'oublient pas leur but : chaque classe commence et finit par le chant national, et c'est ainsi que l'hymne « *Boze cos Polske* » pénètre dans plus d'une chaumière.

II.

En 1855, le prince Paskiewicz, lieutenant du royaume, adressa aux évêques l'ordre de faire célébrer dans toutes les églises un service funèbre pour l'âme de l'empereur Nicolas. Aucun prélat n'eut le courage de répondre franchement que cet ordre était contraire aux lois canoniques, par conséquent inexécutable; ils se turent et firent célébrer un service *pro consolatione.*

En 1861, quand trois sanctuaires eurent été profanés, l'administrateur du diocèse de Varsovie ordonna la fermeture de toutes les églises de la capitale. Il informa le gouvernement qu'une enquête allait être faite sur ces profanations, et engagea le lieutenant à désigner des délégués pour y prendre part. Le général Lambert, pour toute réponse, se contenta de publier un avis dans lequel il rejetait sur l'administrateur du diocèse la responsabilité de cette grave mesure.

Par quelle suite d'événements les positions respectives de ces deux autorités se sont-elles ainsi modifiées en si peu de temps? C'est ce que nous voulons expliquer.

Il faut dire tout d'abord, à l'honneur du clergé polonais, qu'il a compris, dès son début, toute l'importance du mouvement actuel. L'archevêque Fialkowski signa au nom du clergé l'Adresse du 28 février, dans laquelle la nation demandait le res-

2

pect de ses droits et de ceux de l'Église. Suivant l'exemple de l'épiscopat, les prêtres appuyèrent tous la dernière décision de la Société agricole, qui faisait espérer une juste et pacifique solution de la question des paysans. Les lettres pastorales des évêques enjoignirent aux prêtres des campagnes d'expliquer aux paysans la grandeur des sacrifices que s'imposaient les propriétaires, voulant par là maintenir la bonne harmonie entre ces deux classes de la société. Ce fut l'origine de la première lutte qui s'engagea entre le clergé et le gouvernement. Les Russes ne voulurent pas laisser croire aux paysans que les propriétaires renonçaient volontairement au bénéfice de la corvée; ils lancèrent de nombreux agents, avec la mission d'insinuer que ce bienfait venait de l'empereur, et qu'à Varsovie le gouvernement était obligé de faire tirer sur les propriétaires pour vaincre leur opposition. Les évêques furent invités à retirer leurs lettres pastorales et à ne pas se mêler dorénavant « de politique. » Le nouveau directeur des cultes, dans sa fameuse allocution du 4 avril, déclara au clergé qu'il ne souffrirait pas un État dans l'État, et que, comme par le passé, les affaires ecclésiastiques seraient soumises à son autorité; mais il était trop tard pour revenir à l'ancien système : prohibitions et demandes furent également sans résultat.

Au même moment, le directeur de l'intérieur répandait clandestinement une circulaire, devenue tristement fameuse, dans laquelle il autorisait les paysans à arrêter tous les habitants de la campagne, même les propriétaires, qui seraient connus par leurs mauvaises dispositions à l'égard du gouvernement. C'était tout simplement prêcher la jacquerie, et c'est d'un pareil ordre que sont sortis les massacres de Galicie en 1846; mais le clergé veillait. Plusieurs évêques publièrent de nouvelles lettres pastorales par lesquelles ils invitaient « les curés et les « prêtres à mettre tout en œuvre pour assurer la concorde, « l'union et l'amour entre les propriétaires et les paysans; « pour faire naître et entretenir la confiance chez ces derniers; « pour prémunir le peuple fidèle contre des instigations mensongères qui ne pouvaient engendrer que la discorde et les « crimes. » En effet, pendant tout le printemps, le royaume de Pologne était inondé d'émissaires et d'agents provocateurs :

sur plusieurs points même des troubles éclatèrent. En Pod-
lachie, quand vinrent les fêtes de Pâques, les prêtres reçu-
rent des paysans les plus étranges et les plus terribles confi-
dences; on leur demandait «si c'était un crime de tuer un
propriétaire. » Il n'est pas besoin d'insister pour montrer
quel service le clergé rendit à cette époque au royaume de
Pologne aussi bien qu'à la morale et à l'Église elle-même,
en calmant dans les campagnes ces mauvaises dispositions
éveillées et habilement entretenues par d'insidieuses sugges-
tions. Si en 1846 le clergé de Galicie avait été aussi zélé et
aussi vigilant, combien de crimes n'aurait-il pas épargné à
l'humanité!... Ainsi l'action combinée du clergé, des propriétaires, des femmes de ces derniers, a posé les premiers jalons
de cette union si désirable, et tout fait espérer que la crise
sociale qui agite en ce moment la Pologne recevra, quoi qu'on
fasse, une solution satisfaisante; qu'avant peu tous les paysans
fermeront pour toujours leurs cœurs aux insinuations crimi-
nelles d'un socialisme prêché d'en haut. Ce sera le coup suprême porté à la puissance moscovite en Pologne; le gouvernement le prévoit et il sait bien à qui il sera redevable de
cette dernière défaite. Il connaît toute l'influence du clergé
sur le peuple des campagnes, influence d'autant plus grande
que nos prêtres sont pour la plupart sortis de la classe des
paysans. Et si c'est dans cette attitude du clergé qu'il faut
chercher surtout la cause de l'acharnement des Russes contre les prêtres catholiques, n'est-ce pas une preuve de plus
que rien ne peut se faire en Pologne pour l'Église et pour la
morale, qui n'augmente et ne développe les forces politiques
de la nation?

Nous avons vu plus haut par quelle suite de circonstances
le sentiment national, chassé de toutes parts, vint s'abriter
sous les voûtes sacrées des églises. Il trouva son expression la
plus complète dans l'hymne *Dieu qui protégez la Pologne*.
Mais ce chant sublime, dont chaque strophe se termine par
ces mots : *Seigneur, prosternés devant Vos autels, nous Vous
conjurons, rendez-nous notre patrie, rendez-nous notre liberté!*
ce chant inspiré, cri d'une nation navrée par la plus juste des
douleurs, les Russes ne purent l'entendre sans frémir de rage.

Le gouvernement invita l'archevêque à interdire ces hymnes, comme dangereuses pour la religion et pour la paix publique. Avant de décider dans une aussi grave question, l'archevêque convoqua non-seulement le consistoire, mais un grand nombre de prêtres connus à Varsovie pour leur zèle religieux. L'avis unanime de ce conseil fut qu'il n'était pas possible de donner satisfaction à cette demande. Aussi, dans la réponse au directeur des cultes, tout en reconnaissant qu'au début le peuple avait fait entendre dans quelques églises certains chants dont les prêtres avaient dû blâmer les expressions de désespoir et de haine, l'archevêque ajoutait : « Le « peuple a tenu compte de nos représentations, et aujour- « d'hui une lettre pastorale ayant pour but de défendre des « hymnes patriotiques qui n'ont rien de contraire à la reli- « gion, loin de calmer les fidèles, les irriterait, les indignerait « contre le clergé et détruirait en eux toute confiance dans leurs « pasteurs. Peut-être alors ils négligeraient l'exercice des de- « voirs religieux et s'éloigneraient des saints sacrements, au « grand détriment des âmes et de la religion. Le calme si « désiré des esprits, dit en terminant le digne prélat, ne peut « revenir qu'avec la confiance du peuple dans le gouverne- « ment, et, quant aux mesures à prendre pour obtenir ce ré- « sultat, le gouvernement les trouvera sans peine. »

Une seconde démarche de l'autorité faite dans le même but auprès de l'archevêque fut également infructueuse, et à l'exemple du clergé de la capitale, les prêtres des provinces opposèrent la même fermeté aux exigences du pouvoir. Les processions, les cérémonies, les services religieux dans lesquels les Russes voyaient toujours une expression du sentiment national leur causaient une vive irritation. Le représentant de l'empereur voulut exiger que la police fût prévenue deux ou trois jours à l'avance quand une procession ou une autre cérémonie semblable devrait avoir lieu. Les évêques répondirent, et nous sommes heureux de pouvoir citer encore leurs propres paroles : « qu'une pareille intervention « de la police serait une atteinte à la liberté de l'Église; qu'ils « ne permettraient jamais que cette liberté soit resserrée dans « des limites dont la police aurait le droit de déterminer l'é-

« tendue ; qu'ils useront au contraire de toute leur influence
« pour que les cérémonies religieuses soient respectées par
« les autorités. »

Voilà bien le langage d'un pasteur catholique qui se sent
fort de son droit et décidé à le défendre jusqu'au bout.
Mais ces paroles courageuses ne surprennent-elles pas,
venant d'un épiscopat naguère encore si faible contre les
envahissements du schisme ? Il y a quelques années, le gouvernement violait impudemment les droits de l'Église, per-
vertissait les consciences, avilissait la morale, et les évêques tremblaient à la seule idée de se trouver en opposition
avec lui. Quand des hommes plus zélés représentèrent à quel-
qu'un d'entre eux qu'il était de son devoir de pasteur de pro-
téger l'Église menacée et le salut des âmes compromis, l'évêque répondit : « Pourquoi voulez-vous m'exposer à des em-
« barras et à des persécutions sans fin ? Que puis-je faire ?
« L'Église saura bien se défendre elle-même : *Deus Ecclesiæ*
« *suæ providebit.* » Le gouvernement n'a pas changé ; son
système immuable, quant au fond, ne s'est que fort peu mo-
difié quant à la forme : et cependant combien est différente
l'attitude de l'épiscopat ! C'est qu'alors, au milieu de ce silence de tout un peuple, que troublaient seuls les gémisse-
ments des victimes, les évêques en étaient peut-être venus à
douter de la puissance du martyre. Ils se croyaient abandon-
nés et reculaient devant un sacrifice inutile. Aujourd'hui ils
savent que l'appui donné par eux à la nation pour la conquête de ses droits légitimes leur sera rendu au centuple
pour la défense de l'Église, et que le peuple tout entier se
serrera autour d'eux comme autour des véritables chefs de
la Pologne catholique.

III.

Qui pourrait prévoir les résultats heureux de ce réveil
soudain du clergé polonais ? Dans cette terre féconde, toute

semence de vérité fructifiera comme le grain de senevé de
l'Évangile, et s'il est permis de sonder les desseins de la Providence, peut-être n'est-ce pas en vain que cette nation pré-
parée par tant d'années de souffrances surgit à l'heure même
où l'Église universelle se voit de jour en jour plus exposée à
de terribles épreuves. Peut-être sera-t-il donné encore à cette
nation d'enfanter des héros qui tireront le glaive pour disper-
ser les nouveaux barbares, ou des apôtres pacifiques qui por-
teront en Orient la glorieuse bannière du catholicisme. Déjà,
à la nouvelle des événements de Varsovie, les clergés polonais des deux rites, oubliant leurs anciennes rivalités, se
sont donné la main pour défendre la Mère commune; déjà
dans les provinces les plus éloignées de l'ancienne Pologne,
où l'Union (1) semblait être étouffée depuis de longues années, les vieilles traditions revivent, et les simples fidèles se
demandent si le moment n'est pas venu de réclamer une complète liberté religieuse. Déjà la jeune Union bulgare, dans laquelle les Polonais ont eu une large part, quelque pénibles
que soient ses débuts, ébranle le patriarcat séculaire des
Grecs; et qui sait de quel poids pèserait sur les destinées des
Églises d'Orient, la Pologne catholique reconstituée !

En attendant ce que réserve l'avenir, nous pouvons constater dès à présent les effets immédiats de cette ferveur re-
naissante. Tout d'abord les prêtres se contentèrent de suivre
les fidèles. Deux fois, il est vrai, ils s'élevèrent courageuse-
ment contre les intentions ou contre les ordres du gouvernement, en secondant les propriétaires dans la grave question
des paysans et en refusant d'interdire les hymnes qui inspi-
rent au peuple la force et la résignation; dans l'un et dans
l'autre cas ils n'ont fait que céder à l'entraînement général.
Le moment approchait où les évêques allaient prendre en
main la cause de la religion. Ils mesurèrent avec effroi toute
l'étendue du mal que leur faiblesse avait permis aux Russes
d'accomplir contre l'Église, et dans une Adresse présentée il

(1) On sait que l'Église orientale en Pologne avait reconnu l'autorité du
Pape à Brzesc en 1595, et que cette union ne fut abolie qu'en 1839, en vertu
d'un ukase de l'empereur Nicolas.

y a quelques semaines au lieutenant du royaume, ils déclarè-
rent que : « Nonobstant toute acceptation, qu'eux-mêmes ou
« leurs prédécesseurs auraient pu faire contre leur cons-
« cience et les devoirs épiscopaux, des rescrits contraires aux
« saintes lois de l'Église, ils ne garderaient pas davantage un
« silence coupable. » Cette Adresse énumère les remèdes qui
seraient immédiatement nécessaires pour arrêter les progrès
du mal et poser les bases d'un avenir meilleur. Bien qu'on y
ait passé sous silence plusieurs questions d'une importance
capitale, la liberté de l'enseignement et la liberté de la charité, par exemple; bien que l'évêque administrateur du diocèse uni n'ait pas osé joindre sa signature à celles de ses
collègues du rite latin; cette Adresse n'en restera pas moins
un document mémorable dans l'histoire de l'Église polonaise.
Le gouvernement a pu ne pas la recevoir; il se croira peut-
être libre de continuer comme par le passé sa propagande
schismatique; mais les évêques y ont tracé une règle qu'il ne
leur sera pas permis de transgresser, et à ce titre, pour eux
comme pour la nation, cet acte marquera une nouvelle époque.

Les derniers événements sont trop présents à la mémoire
de tous et leur caractère trop évident, pour qu'il soit néces-
saire de les expliquer par de longues réflexions. Les Russes
ne pouvaient se tromper sur la portée de la note de l'épiscopat; ils devaient y voir et ils y virent les indices d'une importante modification dans la marche des événements. Toutes res-
treintes que fussent les concessions accordées si pompeuse-
ment à la Pologne par l'empereur Alexandre, le pays les
accepta franchement comme la base d'une organisation inté-
rieure et comme un moyen d'arriver à une autonomie complète Les électeurs se présentèrent en masse, et leurs choix
unanimes se portèrent sur des hommes qui, par leur modération et leur patriotisme, donnaient à la nation une double
garantie et contre sa propre impatience et contre les excès
du pouvoir. Avec la même unanimité, les électeurs rédigèrent
et signèrent plusieurs pétitions dont la plus importante avait
pour but d'obtenir une véritable représentation nationale.
Les Russes, dont le système gouvernemental et administra-

tif est uniquement basé sur la force aveuglement obéie, comprirent quel danger présenterait pour eux la lutte transportée ainsi sur le terrain du droit et de la légalité, et avec quelle rapidité la logique même des choses les amènerait à une capitulation. Ils redoutaient aussi l'effet que cette demande d'une représentation nationale pourrait produire sur le parti constitutionnel grandissant de jour en jour à Saint-Pétersbourg. Leur inquiétude s'accrut encore lorsque, aux funérailles de l'archevêque, ils virent une députation de près de deux mille paysans se joindre aux propriétaires et à la bourgeoisie pour rendre les derniers hommages au Primat de la Pologne, et purent ainsi constater que le dernier instrument sur lequel ils voulaient s'appuyer, la désunion entre les différentes classes, allait leur échapper. Le pays sentait, de son coté, que les manifestations publiques devenaient superflues quand les revendications légales étaient possibles. Aussi un service funèbre à la mémoire de Kosciuszko, fixé au 15 octobre, jour anniversaire de sa mort, devait clore la série de ces démonstrations. Le gouvernement se hâta de profiter de ce dernier prétexte et proclama l'état de siége. Ce n'était en réalité qu'une question de mots : depuis plus de trente ans la loi martiale est en vigueur ; mais, pour le gouvernement, c'était paralyser toute action légale exercée, soit par les conseils électifs, soit par le droit de pétition qu'il venait d'octroyer au pays.

L'hypocrisie qui caractérise cette proclamation eut pour conséquence naturelle un des actes les plus barbares des temps modernes. Près de dix mille soldats assiégeant pendant vingt heures toute une population réunie dans des églises, puis envahissant les sanctuaires, pillant les autels et les sacristies, maltraitant les femmes et les prêtres, renversant les hommes à coups de crosse, poussant comme un troupeau plus de trois mille personnes à la citadelle ; et pendant toute cette longue journée, les soldats ivres parcourant les rues, le fouet en main, frappant indistinctement hommes et femmes, vieillards et enfants, citoyens et étrangers. Même durant ces heures terribles, les habitants de Varsovie se sont maintenus dans leur sublime résignation et

n'ont opposé aucune résistance à ces brutalités sans nom.
En parcourant les rues désertes, les Russes durent croire un
instant, au milieu de ce silence funèbre, que tout était fini et
que leur triomphe était à jamais assuré. Ils ne rencontrèrent
qu'une seule opposition. Un homme vint à eux, à peine
connu il y a quelques jours, vieillard octogénaire, sublime
expression de la force morale : c'était le chef du clergé de
Varsovie. Seul, à peine entouré de quelques prêtres, mais
appuyé sur l'indignation universelle, il n'hésita pas à le décla-
rer à un gouvernement disposant de milliers de soldats : « De
« tels faits ont pénétré d'horreur le pays tout entier ; ils
« sont une honte pour les soldats d'un gouvernement civilisé
« et feraient croire au retour des temps d'Attila. Il a fallu
« ordonner la fermeture de toutes les églises de Varsovie
« pour faire sentir profondément au peuple, si justement
« exaspéré, la barbarie des actes accomplis. C'est au gouver-
« nement russe à donner des garanties sérieuses à la reli-
« gion, à l'ordre et à la morale pour renouer, s'il en est
« temps encore, les liens de confiance entre gouvernants et
« gouvernés liens, si souvent et si cruellement brisés. »

Arrêtons-nous ici. Le prêtre dont la parole sévère a troublé
la joie des Russes, n'était pas seulement le représentant de
l'Église, il était en ce moment le véritable chef de la nation. Vengeur des droits violés de la religion, il était aussi le
dernier défenseur des droits nationaux. Aujourd'hui ce n'est
plus telle ou telle classe de la société qui lutte contre l'oppresseur, c'est l'Église, en Pologne, qui descend dans l'arène. Si
elle succombe, la nation tombera avec elle dans les abîmes
de la persécution schismatique ; si elle faiblit, la nation rou-
lera dans les horreurs révolutionnaires.

Et cependant, c'est un peuple vraiment chrétien et catholi-

que. Sa vie si grande, si dévouée à l'Église pendant des siècles.
est devenue, depuis les derniers événements, un véritable acte
de foi, un acte de confiance dans la justice de Dieu, puisque
sans armes, sans secours humains, cette nation marche coura-
geusement à la conquête de ses droits. Le sentiment patriotique
qui l'anime et qu'on lui reproche si amèrement ne s'élève-t-il pas
au-dessus des passions terrestres, quand il engendre des vertus
surnaturelles, quand il entraîne à la sainte table des milliers
de convertis, quand il fait de toute la population d'une capitale une immense association de Saint-Vincent de Paul, quand
il transforme les femmes les plus riches en humbles maîtresses
d'écoles de village, quand il met dans l'âme de la victime le
pardon pour son bourreau ? Il faut que les instincts politiques
de ce peuple soient bien étroitement liés aux sentiments religieux, comme ses intérêts sont intimement unis à ceux de son
Eglise, pour que les prêtres, qui n'étaient naguère que ses
auxiliaires, soient devenus ses chefs.

Un tel peuple ne mérite-t-il pas qu'on le défende? L'heure
n'est-elle pas venue de le secourir ? Et dans cette suprême lutte
morale, où trouvera-t-il un appui plus efficace que dans la
solidarité qui relie toutes les nations catholiques, que dans le
zèle qui anime, pour les intérêts de l'Église, les chefs spirituels
du peuple très-chrétien ? Il y a un an, quand, aux confins du
monde civilisé, des peuplades fanatiques se ruaient sur quelques tribus de chrétiens, une poignante émotion s'empara de
toute l'Europe, et le cri d'indignation de l'Épiscopat français
arrêta la main des barbares avant même que le glaive vengeur fût sorti du fourreau. Dans cette sombre histoire de la
domination russe en Pologne, dans ces massacres officiels qui
recommencent tous les deux ou trois mois, dans ces profanations impies des églises, il ne manque pas assurément
d'actes de cruauté qui égalent et même dépassent les excès
les plus odieux de la barbarie. Mais à côté et au-dessus de
ces souffrances de la Pologne, qui navrent de douleur les
âmes chrétiennes, se dresse un danger terrible pour la civili-
sation et l'Église elle-même. Comme, au milieu de sa puissance
et de sa gloire, la Pologne était le bouclier de l'Europe contre
l'invasion des hordes asiatiques, aujourd'hui encore, dans sa

faiblesse, après avoir perdu des millions de fidèles, cette nation sert de boulevart au catholicisme, et l'esprit n'ose envisager les malheurs qu'entraînerait la chute de cette barrière placée entre les deux grands ennemis de l'Eglise. Si Dieu seul connaît l'heure de la résurrection des peuples, du moins il est du devoir des hommes, et surtout de ceux qui ont charge d'âmes, de ne pas permettre que l'iniquité s'accomplisse, de ne pas abandonner cette nation catholique, qui, par sa résignation et son courage chrétiens, donne un si grand exemple au monde ! Il est de leur devoir de la défendre par leur parole, de la fortifier par leur sympathie et d'appeler sur elle, par leurs prières, la bénédiction du Tout-Puissant !

Quand Josué combattit contre Amalec, Moïse monta sur la colline. Et lorsqu'il tenait les mains élevées, Israël était victorieux ; mais lorsqu'il les abaissait, Amalec avait l'avantage. Et quand Josué eut mis en fuite Amalec, le Seigneur dit à Moïse : *Écrivez ceci dans un livre, afin que ce soit un monument pour l'avenir....*

1ᵉʳ novembre 1861.

Paris. — Imprimerie de Ad. Lainé et J. Havard, rue Jacob, 56.